FILOSOFIA
POEMÁTICA

UM CORAÇÃO ÉTICO
NO SEIO DA RAZÃO

Editora Appris Ltda.
1.ª Edição - Copyright© 2021 dos autores
Direitos de Edição Reservados à Editora Appris Ltda.

Nenhuma parte desta obra poderá ser utilizada indevidamente, sem estar de acordo com a Lei nº
9.610/98. Se incorreções forem encontradas, serão de exclusiva responsabilidade de seus organi-
zadores. Foi realizado o Depósito Legal na Fundação Biblioteca Nacional, de acordo com as Leis nos
10.994, de 14/12/2004, e 12.192, de 14/01/2010.

Catalogação na Fonte
Elaborado por: Josefina A. S. Guedes
Bibliotecária CRB 9/870

B697f
2021
	Las Fuentes, Don Bonamigo de
	    Filosofia poemática : um coração ético no seio da razão; (volume I) /
	Don Bonamigo De Las Fuentes. - 1. ed. - Curitiba : Appris, 2021.
	    123 p. ; 23 cm.
	
	    ISBN 978-65-250-1623-8
	
	    1. Poesia brasileira. 2. Filosofia. I. Título.
	
	                                                              CDD – 869.1

Appris
editora

Editora e Livraria Appris Ltda.
Av. Manoel Ribas, 2265 – Mercês
Curitiba/PR – CEP: 80810-002
Tel. (41) 3156 - 4731
www.editoraappris.com.br

Printed in Brazil
Impresso no Brasil

DON BONAMIGO DE LAS FUENTES

FILOSOFIA POEMÁTICA

UM CORAÇÃO ÉTICO NO SEIO DA RAZÃO

(Volume I)

FICHA TÉCNICA

EDITORIAL	Augusto V. de A. Coelho
	Marli Caetano
	Sara C. de Andrade Coelho
COMITÊ EDITORIAL	Andréa Barbosa Gouveia (UFPR)
	Jacques de Lima Ferreira (UP)
	Marilda Aparecida Behrens (PUCPR)
	Ana El Achkar (UNIVERSO/RJ)
	Conrado Moreira Mendes (PUC-MG)
	Eliete Correia dos Santos (UEPB)
	Fabiano Santos (UERJ/IESP)
	Francinete Fernandes de Sousa (UEPB)
	Francisco Carlos Duarte (PUCPR)
	Francisco de Assis (Fiam-Faam, SP, Brasil)
	Juliana Reichert Assunção Tonelli (UEL)
	Maria Aparecida Barbosa (USP)
	Maria Helena Zamora (PUC-Rio)
	Maria Margarida de Andrade (Umack)
	Roque Ismael da Costa Güllich (UFFS)
	Toni Reis (UFPR)
	Valdomiro de Oliveira (UFPR)
	Valério Brusamolin (IFPR)
ASSESSORIA EDITORIAL	Renata Cristina Lopes Miccelli
REVISÃO	Renata Cristina Lopes Miccelli
PRODUÇÃO EDITORIAL	Bruna Holmen
DIAGRAMAÇÃO	Yaidiris Torres
CAPA	Eneo Lage
COMUNICAÇÃO	Rogério Adriano (Hoger)
LIVRARIAS E EVENTOS	Estevão Misael
GERÊNCIA DE FINANÇAS	Selma Maria Fernandes do Valle

A emoção é o que perturba.
(Emmanuel Lévinas)

Seguir o nascimento latente do saber dentro da proximidade.
(Emmanue Lévinas)

A arte deve ser um órgão moral da vida humana.
(Leon Tolstoi)

Quando nos ensinaram o alfabeto da vida, esqueceram várias letras.
(Janusz Korczak)

Eu os conheço na intimidade da vida cotidiana.
(Janusz Korczak)

O pensamento que pensa mais do que ele pensa.
(Emmanuel Lévinas)

PREFÁCIO

Há algum tempo, ao passar por uma pequena calçada próxima à minha sala de trabalho, avistei, de longe, o professor Gilmar Francisco Bonamigo sentado em um pequeno banco de cimento nitidamente desconfortável. Seus olhos percorriam atentos algumas folhas que se encontravam em suas mãos, e logo pensei: "deve estar apreciando o trabalho acadêmico dos seus alunos". Decidi passar silenciosamente para não o importunar e nem o desconcentrar em seu suposto labor. Minha aproximação, no entanto, foi percebida; constatei ao ouvir:

Criatura, aproxime-se! Quero lhe mostrar algo, alguns escritos, dê uma lida.

Li a primeira folha rapidamente, ao passar das páginas, percebendo se tratar de textos a serem saboreados, desacelerei a velocidade. Fui pego de surpresa. Embora estivéssemos sempre próximos, eu desconhecia por completo este seu interesse em brincar com as palavras de forma poética. Sabia da sua competência em tratar com os conceitos filosóficos, mas desconhecia seu manejo cadente das metáforas, hipérboles, aliterações; imagens que tratavam de um outro jogo de linguagem, termo empregado por Wittgenstein.

Em minha leitura por meio daqueles delicados e sedutores símbolos, fui transportado para além do mundo cristalizado e fixado pelas palavras gastas e sem vida. Momentos que tiveram sabor de eternidade. Em seus versos, dei vazão a uma pluralidade de sentimentos que estavam adormecidos; brotavam não sei de onde, mas surgiam como água que aflora na superfície de um subsolo que não se encontra à vista. Descobri, então, que meu amigo era poeta, pela forma de articular as palavras, de torná-las vivas, pelo poder de provocar irrupção de sentimentos: ocorrência que as palavras claras e distintas não realizam. . . Aí, então, lembrei-me das palavras de Otávio Paz em relação ao poeta em *O Arco e a Lira*, "O poeta não é um homem rico em palavras mortas, mas sim em vozes vivas. Linguagem pessoal quer dizer linguagem comum revelada ou transformada pelo poeta".

Descobri que, junto ao colega filósofo, caminhava um poeta. São poucas as pessoas que são capazes de transitar simultaneamente nestes dois universos distintos da linguagem, o dos conceitos e o dos símbolos poéticos. Gaston Bacherlard, filósofo e químico francês, por exemplo, foi capaz de se manter nos dois universos; nele, o homem noturno e o diurno completavam-se. Escrevia livros rigorosos sobre a filosofia da ciência, mas também foi capaz de escrever *A chama de uma vela*. Rubem Alves começou pelo primeiro, mas não se manteve; acabou pendendo para o segundo em sua trajetória intelectual. Virou poeta e passou a fazer uso de uma linguagem viva. Não deve ser tarefa fácil manter Apolo e Dionísio lado a lado, mas eu vejo que o professor Gilmar Bonamigo conseguiu, articulando dentro dessa possibilidade uma compreensão mais ampla da linguagem.

Nosso amigo, que é catarinense, mas que muito tem contribuído com a Filosofia em solo espírito-santense é um estudioso de Paul Ricouer e por isso mesmo sabe desta relação da Filosofia com a poesia. Ainda que a Filosofia oriente-se em um determinando nível da linguagem e nele se fixe, o seu ponto de partida está na anterioridade dos esforços racionais. Dirá o filósofo francês, em 1933, que o poético está vinculado à criação de sentidos, o que implica sempre criação e inovação. Vinculada a ela está a Filosofia como linguagem segunda; "Coloco a filosofia no lugar do poético. É aliás, sempre um trabalho de segundo grau, não só a partir da poesia, mas da linguagem ordinária, da linguagem das ciências, da linguagem da psicanálise, da linguagem poética".

Como afirmam diversos pensadores, entre eles Miguel de Unamuno, nossa compreensão do mundo e da vida brotam de nossos sentimentos advindos de matrizes emocionais. Em seu livro *Do Sentimento trágico da vida*, o filósofo espanhol defende que Filosofia e poesia são irmãs gêmeas. Don Bonamigo sabia certamente, pela Filosofia, dessa linguagem primordial e constitutiva do homem, mas também a cultivou, estabeleceu uma relação estreita com as fontes originais, tornou-se um pastor de sonhos, fez uso das palavras mágicas, que dão nome ao mundo. Soube dizer palavras boas para o corpo, não apenas para o pensamento. Soube recorrer a palavras que transfiguram o corpo. Aquelas que, para Rubem Alves, "dão sentido à vida, e provocam sorriso no meio da noite". Símbolos que trazem o ausente e abrem caminhos para o futuro.

No autor que lhe apresento, a Filosofia não está separada do estético, na verdade, o seu trabalho poético encontra-se no prolongamento de sua filosofia; bem na linha do que pensava o filosofo espanhol Daniel

Inneratty. Segundo ele, em seu livro *Filosofia como uma das belas artes*, "a estética não é substituto da racionalidade, mas antes a sua expansão e alargamento, uma atenção que amplia os seus horizontes e tempera a sua receptividade". Penso que isso é o que ocorre com o ilustre autor dos versos que seguem.

Quem convive de forma próxima com o autor deste livro sabe que sua preocupação maior é o próprio homem, aqui tratado de forma poética. Ele é sensível à situação de desamparo que vivemos hoje em nossa sociedade, sobretudo com o processo de desumanização crescente. A vida é engolida por uma cultura de morte, que distancia os homens, mata suas esperanças, coloca em risco sua existência. Este livro apresenta-se como um convite a sonharmos novas possibilidades para nós e para com o outro; pretende despertar sentimentos que reafirmam a vida. Busca acordar a beleza que se encontra adormecida em todos nós, condição para construção de uma nova sensibilidade humana, que assume a solidariedade entre os homens, que permite fruição, que preza o silêncio, que se abre para o sorriso, que sabe recomeçar sempre, que aprende com a própria dor, que cuida de si preservando a natureza.

Desejo que este livro – e certamente virão outros –, de Don Bonamigo de las Fuentes, não apenas passe por você, mas, sobretudo, que você passe por ele. E assim possam ser bons amigos de caminhada, na busca de terras ainda sem nomes.

Uma boa leitura.

Vitória-ES.
Maio de 2021.

Antonio Vidal Nunes
Professor titular do Departamento de Filosofia da Universidade Federal do Espírito Santo (Ufes).

APRESENTAÇÃO

Filosofia Poemática: um coração ético no seio da razão nasceu, em primeiro lugar, por conta de minhas próprias demandas de significar meu próprio percurso *humano* no decorrer de minha vida. Situações profundamente positivas vividas, circunstâncias profundamente dolorosas experienciadas, acompanhamentos do movimento da vida em outros seres humanos exigiram minha própria significação. Escrever livremente poemas dentro das experienciações, vivendo-as e anotando sua significação, foi o jeito que encontrei para expressar para mim mesmo a altura, a profundidade e a amplitude da *batida* do Sentido do *humano* em mim. E como eu continuo vivendo, vou escrevendo outros e outros poemas para traduzir a expressividade do meu percurso. Oportunamente, o leitor terá acesso também a essa continuação da autoexpressividade.

Em segundo lugar, este livro também foi escrito e tornado público por conta das demandas dos mais de 30 anos de meu magistério em Filosofia. Em muitas ocasiões, experienciei a dificuldade de ajudar os alunos a se adentrarem em temáticas filosóficas somente com as obras dos filósofos e com auxílio de manuais. Passei a produzir meus próprios textos para as disciplinas pelas quais sou responsável como que traduzindo os filósofos envolvidos e trazendo-os para a vida concreta. Progressivamente, fui utilizando alguns poemas que já havia escrito para introduzir as temáticas estudadas em cada ocasião. Os resultados foram muito além da expectativa. A atenção, o envolvimento, a participação, a iniciativa de interpretação passaram a níveis inusitados. Desde então – e já faz bastante tempo –, virou costume iniciar toda aula com um poema. A partilha reflexiva com os alunos carregada pelos poemas tornou-se ocasião do filosofar de cada Um. E houve pedidos: "Professor, faz um poema para mim?". E a resposta: "Dá-me o fluxo do batimento de tua vida e eu tentarei dizê-lo poematicamente!".

Filosofia Poemática: um coração ético no seio da razão. O problema do Sentido e o problema do Universal são dois grandes nós da Filosofia. Tematizar o Sentido, ir ao encalço do Universal em todas as esferas da vida humana são desafios perenes da história da Filosofia e de todo exercício de filosofar. Com as "armas da razão" (Platão), na argumentação sistemática, na busca de fundamentação conduzida conforme os cânones da lógica, o desafio de passar em certo tipo de *dito* o acontecimento diacrônico, continuado, da vida humana. Até onde pode ir o discurso estritamente filosófico? Há "fronteiras para a filosofia" (Paul Ricoeur)? A Filosofia consegue penetrar nos *"arrières-mondes"* (Emmanuel Lévinas), nos "mundos detrás" da razão ou nas experiências pré-filosóficas? A Filosofia pode, sem se humilhar, pedir ajuda a outras maneiras de *dizer* o movimento de Ser da vida humana? A fonte do *dito* do Sentido é eminentemente ou estritamente de cunho racional? Há lugar para outras dimensões e potências constitutivas do ser humano entrarem na cena concreta do vivido e apreenderem o sentido que ali se passa e se move? E ainda: há como pensar com o *coração* (reino da afetividade) bem no meio da cabeça (razão)?

Filosofia Poemática é um exercício e uma amostra de como é possível pensar filosoficamente sob a afecção. Cada ser humano vai vivendo com os Outros no Mundo e é ali que a teia, a trama do Sentido, faz-se, desfaz-se, refaz-se. Isso, em cada Um, não acontece sem a provocação de *latejos*, *batimentos*, *sentimentos*, num varal praticamente infinito de possibilidades. Ali, a vida bate em cada Um com conteúdos concretos, no corpo, no psiquismo, no espírito. Concretamente, a razão é o "último lugar" em que os conteúdos vividos chegam: a fome dói imediatamente no estômago, mesmo que o Eu ainda não *saiba* de onde ela vem ou por que ela vem; o preconceito concretamente exercido contra alguém dói imediatamente na alma inteira de alguém que é o destinatário; o tapa no rosto de uma mulher faz encolher imediatamente a totalidade do ser-feminino. *Filosofia Poemática*: ao invés de ir com a razão para dentro do vivido, levar o vivido experienciado para dentro da razão. É quando a razão pensa mais do que pensa que pensa (Lévinas) e, porque o conteúdo a ser pensado já está nela, corre menor risco de se enganar no que diz.

Filosofia Poemática: um coração ético no seio da razão. Em última instância, o Sentido que a Filosofia procura sempre tem a ver com o *humano* e com o *desumano*. A Filosofia é praticada pelos e para os seres vivos. Os mortos já não precisam dela! Ora, cada Um quer viver, universalmente. Então, o Sentido tem a ver com a permanência e com o aumento da vida. Daí, mui simplesmente e radicalmente, ético é aquilo que faz permanecer a vida em cada Um e aumenta a vida de todos.

Isso é o humano. Um *coração ético* lateja o *humano no seio da razão* e provoca esta a um discernimento constante, diacrônico, tendo *já* o critério dentro de si mesma.

A linguagem, as formas e os estilos da poesia operam *sob* os modos da *afecção* e da *inspiração*. É quando outras potências da "alma inteira" (Lévinas) põem-se em movimento e criam as imagens e símbolos da experienciação concreta. Normalmente, a poesia e a arte em geral são os primeiros *ditos* das experienciações que de algum modo afectam a afetividade. Se um *coração ético* habitar a razão, a razão poderá dizer, em tom poético, o sentido do *humano* – ou do desumano – que se passa no vivido, sempre em afecção. Então, temos uma *Filosofia Poemática* do *humano* uma partilha reflexiva desde as afecções na totalidade do Eu às voltas com as teias do Sentido enquanto vai tecendo a sua tessitura de Ser *humano*. Tomar banho é preciso. Para tomar banho, é preciso ter água e molhar-se por inteiro. Ser *humano* é preciso. Para ser *humano*, é preciso...!

Santa Teresa-ES.

Abril de 2021.

O autor

SUMÁRIO

ANDANTE 17

DO PRIMEIRO OLHAR 19

DAS AÇÕES DOS HOMENS 21

MAIÊUTICA HUMANA 23

NOVENA ANTROPO-ÉTICA 25

VITA BREVIS 28

COOPERANÇA 32

CANTO DOABANDONO 34

RETRATO 36

DO PRÓPRIO NOME 38

DE UM GRANDE AMOR 40

POBREZAS DA HUMANIDADE .41

ALMA CABOCLA 43

FILHA DA NOITE 44

SETE LIÇÕES DE SOLIDARIEDADE 46

AGONIA E GRAÇA 48

DA FELICIDADE 50

DOENÇA UNIVERSAL 52

CERTEZAS VITAIS 53

PRIMEIRA CERTEZA 56

CARTA FÚNEBRE 58

CAMINHO DE CASA 60

PRATO DE ALEGRIA 63

CAPIAU DEPRESSIVO 65

ÁGUA DE POÇO 67

MURALHAS DA SOLIDÃO 69

DA TEMPORALIDADE HUMANA 71

REQUIEM 76

RELAÇÕES DO TEMPO 78

CANTO DE AMOR 82

BALADA DO ANOITECER 84

CHUVA MOLHADA 86

CHUVA CADENTE 88

REVERSOS DO MENINO 89

DA CONDIÇÃO HUMANA 91

CASAS DA VIDA 92

LÓGICA INFINITA 95

PRIMEIRAS ÁGUAS 96

SILÊNCIO DAS FLORES 99

PALAVRAS VITAIS 101

TOME A ROSA 103

LUAS 104

COMO A CORRENTE DO RIO 106

CABELOS BRANCOS 108

METAMORFOSE DESUMANA 110

FRUTOS DA TERNURA 112

DO CAMINHO DE DON 115

DAS COISAS DA TERRA 117

DAS COISAS HUMANAS 120

CONCLUSÃO 122

ANDANTE

Como uma curva
De estrada
Suspensa no céu sem fim
Como um arco
De arco-íris
Distendido na estrada sem cor
Sou eu
Sou eu que me distendo
Na poeira da estrada
Sou eu que viajo
Nas curvas do céu,
Qual peregrino
Que avança na vida
Vencendo mais uma curva
Da vida
Qual menino
Trilhando seu caminho
Esperando tocar no céu.
Sou eu
Sou eu em quem a dor me toca
Porque não quero
Não quero ser só com minhas dores
Por que não quero
Não quero ser só no meu amor;
Isto não me contenta.
E porque quero
E porque espero
Eu avanço noutra curva

FILOSOFIA POEMÁTICA

E vejo um peregrino
Saindo de mim.
Sou eu
Sou eu que avanço na vida
Andante
Amante
Construtor de pedaços de céu
Mostrando o arco-íris na estrada
Com minha dor
Com meu amor;
Como um amante da amada vida
Andante,
Andante sou eu!

DO PRIMEIRO OLHAR

Levanta teu olhar
O primeiro
Bem de manhã, criatura
Antes das outras
E contempla, no silêncio,
As criaturas que ainda dormem
Dentro, bem dentro de ti.
Levanta teu olhar
O primeiro
E fecha os olhos, criatura
Para ver, no silêncio,
O que é o privilégio dos cegos
E contempla silenciosamente
A claridade do que não deixaste viver
Dentro, bem dentro de ti.
Levanta teu olhar,
O primeiro
Que dissipa a sonolência
E vê que a aurora continua
Silenciosamente
Todos os dias
Começando as manhãs, criatura,
E contempla
Porque o som da vida é leve
E exige o tempo de silêncio

Dentro, bem dentro de ti.
Levanta teu olhar
O primeiro
E prepara-te, criatura,
Para todas as noites
Voltar aos teus próprios braços
Silenciosamente
Como gesto sagrado
Porque Deus te espera
E contempla
O Seu incontestável Amor.
E dorme em paz, criatura,
E deixa os anjos, todas as noites, criatura,
Dentro, bem dentro, cuidarem de ti.

DAS AÇÕES DOS HOMENS

As ações dos homens
As ações não mentem jamais:
Ou elas acrescem vida à vida Do Homem,
Ou elas lançam o homem no caos.
As ações Dos Homens
As ações são marcas definitivas
Que distendem o varal da história
De cada Homem
E elas não se apagam jamais.
A maturidade de um homem
Mora na qualidade de suas ações
Que devem ser como teias enlaçadas
E ordenadas
Desde o começo ao fim.
Cada ação diz qual é o homem
Como o fruto a sua árvore;
Na beira das águas humanas
Nascem os homens fecundos
Na beira da hipocrisia
Os desumanos homens.
E se os frutos da boa árvore
Alimentam a vida do corpo
As ações dentre as mais sábias
Salvam as vidas que olham os homens
Pelas necessidades da Alma.
Poucas têm sido

Mas elas existem
Bem Ditas ações humanas
Faróis para os trilhos
Dos novos caminhos
E saciam tantos homens
No Pote da Gratidão.

MAIÊUTICA HUMANA

O Reconhecimento do outro
É tão vital para a Liberdade
Quanto a boa comida
É imprescindível ao Corpo;
Eis um fato difícil de contestar
Pois desde as pessoas mais superficiais
Das que frequentam os "shoppings" por motivos banais
Às que "esperam" de noite
Postadas no cais
Há sempre o desejo do outro
Mas não de um outro qualquer
De alguém que olhe atento, por dentro
E descubra o que em nós É Valor.
É difícil a Festa de um Só
É rara a Celebração na solidão;
Sempre há um outro, mesmo que na Imaginação;
É difícil a dança de um Só
É raro cantar para si;
Sempre há alguém que criou a dança
Sempre houve alguém que pôs a vida no canto
E assim adiante;
O Desejo mais fundo do homem
Tem certamente um Nome,
Reconhecimento!
Do dominador ao súdito
Desde o bandido ao santo,

Pela glória ou pela cruz
Pela espada ou pela rosa
O que brota do desespero humano
Num perene grito de fundo,
Reconhecimento, Reconhecimento!
E não haverá descanso
No cerne da vida Humana
Enquanto as liberdades mutuamente magoadas
Não se desdobrarem em Reconhecimento,
Como Terra Prometida
Como Paraíso Reconquistado
No Tempo!

NOVENA ANTROPO-ÉTICA

(PARA CONSEGUIR A GRAÇA DE FAZER SER)

No 1º dia
Retira-te no silêncio
E olha a extensão do teu mundo
E quanto já se fez da felicidade:
Retoma-te e conhece-te a ti mesmo;
No 2º dia
Exercita a contemplação
E passa o tempo acompanhando
O movimento do ser numa criança;
E ao fim do dia
Registra para sempre
A criança em teu coração;
No 3º dia
Viaja ao outro extremo
Escolhe um velho para ouvir
Tal como foi sua história
Segundo seus próprios olhos;
E ao fim do dia
Registra para sempre
O velho em tua mente;
No 4º dia
Vai ao lugar onde vivem os presos
E ouve a um só, até o cair da tarde,

FILOSOFIA POEMÁTICA

Um daqueles a quem a vida nada conta;
E ao fim do dia
Liberte o prisioneiro e encontre o homem
Sem condená-lo à pena de morte;
No 5° dia
Passa a totalidade do tempo
Acompanhando o movimento
Numa UTI de crianças
Que por certo em breve hão de morrer;
Registra para sempre o que é o desespero inocente
Na impotência de viver;
E ao fim da noite desse dia
Leva a criança nos braços
Para que ela possa morrer;
No 6° dia
Conduze-te a alguma montanha
Enquanto ouves, olha e mira por todo tempo
Até as sombras começarem a descer;
E ao fim do dia registra no teu mundo
Que muitas coisas
Não podem ser tiradas do lugar;
No 7° dia
Convida alguém para passear
Deixa que ele decida aonde vão ter lugar
Acompanha os seus movimentos
Percebendo onde ele permanece
Mesmo que esteja a caminhar;
E ao fim do dia
Inclui este alguém em teu mundo
Mesmo que nada puderes esperar;
No 8° dia
Volta ao teu mundo

Faze todas as coisas de antes
Distingue o que são pessoas e o que são coisas
Vê como as pessoas estão diante de ti;
Ao fim do dia, até a última,
Registra um bem-querer por todas
Lá no mais fundo de ti;
No 9º dia
Exercita viver o dia e a noite
Totalmente para as pessoas
Mesmo que poucas
Ou muitas coisas sejam tuas;
E ao fim dessa noite
Faze um balanço do Ser
Somente do vivido
E depois me diz
Qual foi a graça que alguém alcançou;
Antes de repetir a mesma
Descansa feliz um dia
Pois toda novena inclui o descanso
Que é pra não chatear o santo
Principalmente se o santo
O invocado
É aquele que começou a nascer
Dentro de ti.
Se houver necessidade
De uma segunda novena
É recomendado
Que não seja feita só!

VITA BREVIS

Entra em teu quarto
Olha teu filho
Contempla enquanto há tempo
Ama em silêncio
Denso e profundo
Porque a vida é breve
Não percas tempo
Na finitude do mundo;
Olha os velhos
Medita as crianças
Vê quem é forte
Ouça quem padece
Todos se vão
Todos nós passamos
Todos nós deixamos
Como amostra permanente
De que a vida é breve
A vida é breve!
Aproveita, meu coração,
Não percas tempo
Porque tudo não passa de instantes
Instantaneamente tudo se esvai
Por sobre as mentes
Por debaixo de todos os pés
Como sinais
A todo instante

Don Bonamigo de las Fuentes

De que a vida é breve,
A vida é breve!
Aproveita
E inscreve no instante o que é eterno
Porque não é possível eternizar o instante
Se a vida é breve
E a vida é breve!
Penetra de amor o instante
Amor sem condição
Amor nas mãos
Olhar de amor
E verás que o eterno vem morar
Na fluidez da vida;
Prolonga pelo amor a duração
De cada uma das vidas
Que se passam pela tua
E experimenta
Na brevidade de tudo
O aquém e o além da vida,
Apreende no teu tempo
Inscreve neste instante
O que ultrapassa tua vida
Porque a vida é breve
A vida é breve!
Sente, pelo todo, toda presença
Pelos dias e até o fim das noites
Experimenta deste agora
A plenitude de tua ternura
Porque talvez logo pela manhã
A vida já tenha mostrado
Por alguém ao teu lado
Que ela é breve

E a vida é breve!
Amanhã é só uma palavra, coração meu
E uma esperança
A ternura é uma precisão, coração de todos
Precisão do tempo presente;
Só o amor ilumina o instante
E sua ausência acelera
A brevidade
A certeza da brevidade da vida;
Sem ternura
O reino é da solidão
Que é a face obscura e mais dolorosa
Para quem experimenta
Que a vida é breve,
E a vida é breve!
Vê, coração,
Como este instante de amor
Clareia as direções
Abre o véu e a onda
Sem machucar o céu,
Faz parte
E não aumenta
A brevidade da vida;
Aproveita
Cada instante
E não sofras
E não te desgostes
Porque mesmo assim
A vida é breve;
Depois de amanhã
Se ainda for possível
Verás com outros olhos

Que mesmo com tudo
A vida é breve,
E valeu a pena!

COOPERANÇA

Olha, Moço
Olha para a tua Terra
E vê que ela é muito Mais
Muito mais do que uma roça;
Olha, Moço
Olha para os teus Filhos
Com os olhos úmidos da Terra
E os olhos da Terra são promessa
São Promessa e Esperança
Assim como a Vida das crianças!
Não desanimes, Moço
Olha que nem tudo é pedregoso
Mas não vás só
Porque sozinho o espinho aumenta
E a dificuldade toma conta;
Olha do teu lado, Moço
Vê que há tantos braços
Precisando de tua força
E não vás sozinho, Moço
Porque cairás no fosso
E nada ficará em tua balança!
Olha para a tua terra, Moço
Anda pelas baixadas e pelos montes
E não vás sozinho
Porque encontrarás a cobiça de muitos
E ela sugará toda a água de tuas fontes;
Olha para ti mesmo, Moço
E vê se és como a Terra

Vê se dás tua parcela
Olha se não pisas em muitos
Vê se não andas sozinho
E ainda reclamas da Vida, da Terra e de tantos!
Olha para a cidade, Moço
Olha para a miséria
Vê se enxergas a violência
Então olha quanto vale a Terra
Vê se ficas feliz em tua Terra
Mas não vás sozinho, Moço
COOPERE, Moço
Soma tuas forças com os braços de muitos
Porque isto é que é preciso
E serás mais forte, Homem
E dentro de ti e em tua terra
Renascerão as águas das fontes
Aquelas que alimentam a vida de Esperança;
Verás que a felicidade, moço
Sempre será mais fácil na Terra
Do que em qualquer outro lugar!
Mas não vás sozinho
Pois este é o perigo
Que te põe fora do abrigo
Da COOPERANÇA;
Vê que faz muito Sentido:
Cooperação e Esperança!

CANTO DO ABANDONO

Eu preciso de um canto
Onde ninguém vai
Um canto da natureza
De preferência abandonado
Ali é que eu quero morar
Porque muito se aprende no abandono;
Dentre outras coisas que não há
Ali não tem dono
E então é fácil ouvir a verdade falar.
Eu preciso de um canto
Onde se experimenta o medo:
De viver
De morrer
De crer
De sofrer
De aprender tudo de novo
Da sofreguidão da certeza
Do primeiro passo da beleza dos olhos fechados
Do frio do coração molhado e trêmulo
Do travesseiro de pedra encharcado
Do sonho mal sonado
De todas as travessuras da infelicidade
Inclusive aquela que eu já vivi.
Eu preciso de um canto abandonado
E porque abandonado surgiram
Apareceram as multidões anônimas

Abandonaram o encontro consigo mesmas
As pessoas, as pessoas se abandonaram
E se tornaram ninguém
E se inebriaram de prazeres
E se encheram de coisas
E o vazio se tornou imenso;
As pessoas fugiram do interior
Com todos os sentidos
Enquanto eu preciso do abandono
Do canto que lá deixaram
Talvez para o meu re-encontro;
Vejo então da importância
Das experiências de nós expulsas
Jogadas em algum canto abandonado
Como se pudéssemos ser felizes
Longe, bem longe de nós!

RETRATO

Olhe-se
Mire-se no espelho
Aquele que é o seu verdadeiro Sentimento
Mire-se no espelho
Daquela que é sua grande Inteligência
Olhe para o seu Corpo
Aquele que te carrega nos braços
Até não aguentar mais;
Mire-se na vida
Aquela que é sua
E olhe se ela está plena
Ou se continua
Nua;
Mire a sua palavra
E olhe o quanto ela cria
Ou se ela
É crua;
Olhe o horizonte
Aquele que inda é distante
E mire as suas pegadas
Se são largas passadas
Com direção;
Mire os seus problemas
E olhe sua pequenez
E não se curve
Pois há de ter uma outra vez;
Mais um sim
Mais um não.

Don Bonamigo de las Fuentes

Mire que a vida é breve
Olhe que a estrada é longa
E não se canse
E não desista
Antes de chegar ao Fim!

DO PRÓPRIO NOME

Onde queres chegar
Talvez não haja caminho
Feito
Porque a floresta é pouca
E virgem
Porque a areia do deserto é muita
E o vento encobre os passos
Dos que passaram antes
E foram poucos.
Onde podes chegar:
Terás que medir a altura
E a profundidade
De tuas forças
E dos fundamentos
Para que a tortura
E o sofrimento
Não sejam teus guias
Na escuridão da noite
Na selva
E na aridez do deserto
Durante os dias.
Onde deves chegar
Com teu nome finito
Não podes desmentir
Ou esconder
A verdade de uma alma

Don Bonamigo de las Fuentes

Que na verdade
Ainda é virgem
Ou então árida
E não viu suas fontes
Irrigando os próprios desertos.
Onde queres que vás
Onde podes chegar
Só tu mesmo imporás a ti mesmo
O dever que teu nome espera
Realizado;.
Escolhe o bem dos outros
E as florestas renascerão
Com os oásis nos desertos
E tu
Tu viverás
Viverás infinitamente feliz
E entenderás teu próprio nome
Enfim!

DE UM GRANDE AMOR

Vê, eis teu amor
Ele foi profundamente desperto
Vê, é teu amor
Ele mostrou teu coração
E enquanto não for preenchido
Eis, ele ficará aberto!
Vê, é teu amor
Ele abriu as trancas
Eis, ele desnudou tua nudez
É ele, ele te deu razões para viver!
Eis, é teu amor
Ele, ele se mostrou tão grande
Ele, ele foi o melhor presente
Eis, é teu amor
Amor na carne,
Que vem da alma
Ele, ele te mostrou
Eis, ele agora és Tu!

Don Bonamigo de las Fuentes

POBREZAS DA HUMANIDADE

Toda criança que morre
Por qualquer das misérias de todos os lados
A Humanidade se recente
Isto empobrece a Humanidade;
Todo homem que seca a sua Alma
Por dor provocada
A Humanidade SE adoece
Isto empobrece a Humanidade;
Todo homem que expulsa
Por obras ou intenção
Qualquer homem do seu coração
A Humanidade se recente
Isto empobrece a Humanidade;
Todo homem que fere o rosto
Machuca a Humanidade
A Humanidade se encolhe
Isto empobrece a Humanidade;
Todo homem de uma só ideia
Só consegue andar em um só caminho
Elimina as potencialidades da vida
Inibe muitas iniciativas
A Humanidade se encurta
Isto empobrece a Humanidade;
Todo homem que despreza
O que fez bem por todo passado
Esquece o lado que já foi Esperança Feita

Maltrata mais a história da Humanidade
Isto empobrece a Humanidade.
Maltrata as águas, as fontes
E vê que os rios reclamam suas águas
Maltrata a natureza
E vê o que acontece com a Humanidade
Destrata a Humanidade
E vê que só sobrará o inferno
Com a face anônima da violência
Que destrói em cada homem
A sua mesma Humanidade!

ALMA CABOCLA

Solto meu canto caboclo
Rasgando meu peito saudando a noite
Sou retirante da seca
Tocado nas brenhas sem chão nem porção
Minha alma é cabocla;
Sento na porta do rancho
Rasquejo na viola em tom de poesia
Andejo de estradas sem rumo
Canto a saudade em melancolia
Caboclo sem chão!
Olho prô céu e medito:
O sol que se apaga brilhou para todos
A sombra da noite se enrosca em todo cercado
A chuva respinga molhado em cada terreiro
E não há primeiro na fila do vento
A terra viceja o verde na chapada e no monte
E não há quem conte tanta fartura
E o caboclo sem chão!
Conto a vida sofrida
No braço da viola surrada no tempo
Lavo minha alma e a saudade se perde no vento
Minha alma é cabocla;
Junto com a companheira
Eu gasto a noite prosiando a vida
Dói no meu ombro o peso de tanta injustiça:
Caboclo sem chão!

FILHA DA NOITE

Desce o véu da noite escura
Sobre tua "santa casa"
Do teu trabalho
E da pousada dos boêmios sem um lar;
Cai a roupa, cais no leito
Amamentas com teus peitos
Marmanjões sem amor pra dar!
Vendes teu corpo por prêmios
A homens tristes, boêmios
Gastas tua vida sem ver
O primeiro é o primeiro
Basta que tenha dinheiro
Para o pão, para viver!
Noites e noites a fio
Tua vida foge como um rio
Águas vão, não voltam mais
E tu ficas na amargura
Curtindo a grande secura
De não mais saber amar!
Quanto ganhas por um dia
De tal vida, tão vazia
De sentido e de amor?
Por que ficas nessa lida
Se o que sobra de sinal
É a sombra da solidão?
Não queiras um tal destino

Don Bonamigo de las Fuentes

Porque viver sozinho
É secar o coração
Caíste na puta vida
De uma vida mal sentida
De se dar sem ter paixão!
Santa filha da noite
Para tantos a "filha da puta"
"Mulher do momento fugaz"
Pensa em ti dentro do instante
Vê que ainda há vida o bastante
E as cordas do tempo tu podes tocar!

SETE LIÇÕES DE SOLIDARIEDADE

Por mais um dia
Diga a Verdade
Mesmo que dura
Sentida
E sofrida
De ser dita e ouvida.
Por mais um dia
Dê um Tempo especial
Prá sua própria Vida
E fortaleça a Esperança
E a busca
E o Sentido;
E Re-crie.
Por mais um dia
Ouça
Qualquer um
Mesmo que não entenda
E sofra.
Por mais um dia
Abra sua mão
Estendida
E vá ao encontro:
Encontre outras mãos.
Por mais um dia
Vele

Cuide
Acenda uma vela
Na mão de alguém.
Por mais um dia
Celebre o Dom
Que desentristece a festa
E encoraja os sonhos
De tantos.
Por mais um dia
No sétimo
Durma em Paz!

AGONIA
E GRAÇA

Se a vida de um homem
É marcada duramente
Em longos anos de sofrimento
O horizonte do entendimento
Caleja-se
E torna-se tão difícil e dolorida
A abertura nos calos
Prá valorizar suficientemente
Os novos sentimentos;
Então a alegria
Permanece fria por um bom tempo
E inda desconfiável
Até que a lembrança
Atenue sua força
E a esperança
Possa ser feita em paz.
Viver todos os dias
Em permanente desafio
Cansa qualquer homem
E a alma é que sofre a tortura
E o corpo manifesta a dor;
Tudo se torna pálido
E inerte como as cinzas
E a própria brisa incomoda
E tudo se torna o mesmo: a praga e a flor.
Recuperar-se para a vida

Don Bonamigo de las Fuentes

Quando se beira a morte
Já não é mais questão de sorte
Nem só de querer
Porque isto importa, mas não basta;
É preciso parar e esperar um tempo
Para que a natureza faça o que possa
Até que venha a coragem
Nos dedos da Providência
E o novo horizonte se faça
Levando a agonia,
Lavando a vida de Graça!

DA
FELICIDADE

Quase todos os homens
Buscam a felicidade
Como um estado da alma
Como momentos de sorte na vida
A qualquer preço
Mas não conseguem garantir sua duração.
A felicidade é um problema em si para tantos
Mas, na verdade,
A felicidade é um problema de dignidade.
Ela só dura e ninguém a rouba de nós
Se dela formos dignos
Como os filhos deveriam ser dignos dos pais.
A felicidade duradoura
É a expressão funda da alma
Daquele Homem
Que leva junto o sofrimento
E a dor
Porque o olhar da Alma
Perpassa o tempo para além do presente
E distingue o que espinha
E o que é flor.
A felicidade verdadeira
Leva consigo o pranto dos outros
No homem que se despoja de si
E entende no outro o seu próprio mistério
Que na verdade é um só

Don Bonamigo de las Fuentes

E que só se resolve num só mandamento
O da suprema Dignidade
De que o homem é capaz.
Se a felicidade é rara
Nos homens
Não enganemos a nós mesmos
Com teorias
Com descrenças
Porque na Verdade ela existe
Se a fizermos brotar
Cultivada de dentro de nós.
Então,
Não importará tanto o tempo de vida
Mas a vida que ficou feliz por nós!

DOENÇA UNIVERSAL

Verbos pequenos
De ação rápida
Vírus simples
Mas de longo alcance:
Ter, Poder, Prazer;
Por aqui passa a loucura da humanidade
E a experiência universal da escravidão.
Eis a moléstia mais completa e simplificada
Da história dos homens,
Nos homens: o individualismo.
Eis o veneno mais resistente
Da frieza e do calor humano: o egoísmo.
Eis o pronome mais corroído: eu.
Eis o remédio mais esquecido: nós.
Eis o antídoto da violência:
Solidariedade.
Eis o sinal da cura:
Gratuidade.
Eis mais um ser em extinção:
O Homem!

CERTEZAS VITAIS

Se não participares significativamente
Da história de alguém
Jamais terás a certeza
Segura porque verdadeira
De ter amado;
Se não estiveres significativamente
Do lado de alguém
Nunca terás a certeza
Bela porque verdadeira
De ter amparado.
Se não renunciares significativamente
Pela causa de alguém
Jamais terás a certeza
Profunda porque verdadeira
De ter usado tua gratuidade;
Se não entrares significativamente
Nos esconderijos de ti mesmo
Nunca verás a certeza
Clara porque verdadeira
De ter derrubado as muletas
De tua frágil cidade.
Se não ouvires significativamente
Os suspiros de tua alma
Jamais verás a certeza
Límpida porque verdadeira
De ter conquistado em ti mesmo

O outro lado de tua medalha;
Se não pensares significativamente
Na ausência de alguém
Nunca terás a certeza
Próxima porque verdadeira
De ter a saudade da espera
Por aquele que ainda não vem.
Se não sentires significativamente
Nunca poderás ter certeza
Se não viveres significativamente
Jamais te ancorarás na verdade,
Se não tirares o véu que encobre teu rosto
Nunca descobrirás tua beleza
Se não quiseres significativamente
É vão esperar a Felicidade!

PRIMEIRA CERTEZA

Entra em teu quarto, em silêncio,
Silencia, olha firme e acolhe a primeira certeza;
Entra em ti mesma, em silêncio,
E então verás quem já mora em ti;
Depois olha para fora de ti, em silêncio,
E joga fora as migalhas
Que se espalham dentro de ti
E só atrapalham teu coração;
Olha firme dentro de ti
E vê que teu Amor já não quer ser mendigo
Olha para fora de ti
E vê que o amor é coisa bem diferente
Entra mais fundo dentro de ti
E vê se enxergas os vícios dos teus sentimentos
Abre-te para outro tipo de experiências
E anota em teu coração
Quando vem a certeza de que já Amas sem cobrança;
Entra em teu quarto, em silêncio,
E olha as pessoas por dentro
Aproxima-te das pessoas e verás a sua solidão
Olha diferente e te sentirás próxima
Ama diferente e terás outras respostas
Aposta em ti mesma
E verás que teu amor derramará
E transbordará para fora de ti mesma
Então sorrirás porque muita gente

Muita gente quer beber em tua fonte
E chorarás com a dor dos outros
E estenderás tuas mãos abertas
E encontrarás a gratidão de tantos!
Entra em teu quarto, em silêncio,
E começarás a ver o quanto Já és importante
Entra em teu quarto e leva as pessoas em teu coração
Então verás que as mesmas pessoas
Já são importantes de um modo diferente;
E quando tiveres dúvida, no silêncio,
Lembra-te da Primeira certeza;
Despoja o teu coração
E então encontrarás o jeito amadurecido
O jeito certo de amar
Aquele que te fará Feliz para sempre;
Quando encheres as pessoas de amor encarnado
Elas serão felizes e terão a mesma certeza
Por teu amor, por tuas mãos
A tua beleza humana será imensa
E sempre será maior a tua fonte!

CARTA FÚNEBRE

Em tua última carta
Me diz com tristeza
Quantas tentativas fizeste
Pra fazer a experiência
De preencher a carência maldita
Que te habita
Em cada batida, o coração;
Tua carta me diz, na última
Quão próxima te parece a morte
E mais e mais distante
Uma cadência para a tua vida
E imploras até mesmo um golpe de sorte
Para espantar o desespero
Que se tornou um companheiro
A maldizer todo o instante
No movimento de volta
Na perspectiva de ida;
Na última carta, confessas
Que tudo parece perecer à volta
Que as amarras da vida estão todas soltas
E tudo aumenta a face da desistência
E nada mais vale
E ao mesmo tempo encolhe
Para além de tuas forças
E virou real em tudo
O desgostoso jogo das aparências;

Don Bonamigo de las Fuentes

Na última carta
Já nem me pedes uma réstia
Quando antes eu era da luz um raio
Agora, em tuas palavras,
Já te entregas à moléstia
Que chegou também ao corpo
E me pedes que eu não responda
Porque nem a mim já não queres ver
Porque nem a mim podes amar;
Na tua última carta
Não me disseste "adeus"
E foi nos dias seguintes
Que eu tive a notícia
Por nenhum dos "teus"
Tu te adentraste na terra
Como alguém que morreu;
E agora,
Agora deixo uma folha em branco
Ao túmulo
Sem as palavras, que não quiseste
E que meu coração por ti sempre escreveu;
Fico com tuas cartas
E com teu silêncio junto a mim,
Com minhas lembranças
E com as reticências
Eternamente não preenchidas por um "adeus"!

CAMINHO DE CASA

Onde começam os caminhos pouco trilhados
Aqueles que exigem pés firmes
E outros tipos de calçados
Porque as pedras nas alturas são muitas
E os escorregões nas profundezas abundantes?
Onde começam as certezas
Que recobrem alicerces pouco experimentados
Aqueles que sustentam a beleza
Das casas e dos rostos
E a longitude do alcance das mãos?
Onde encontrar sensibilidade humana
A cada vez tão rara e distante
Daquelas que fazem escorrer pelos olhos o coração
Que encurtam muitas distâncias
E conhecem tanto da gratidão?
Onde se encontra meu rosto
Que atalhos abrem minhas mãos
Quanto pode pesar meu desgosto
Até onde pode ir minha solidão
Por onde meus pés afundam
Por onde tocam a certeza das pedras
Que ferem meus pés descalços
E pelo menos repousam no chão?
Por onde passa o fio tênue da vida que é minha
E separa os rastros da possibilidade dos da ilusão
Onde levantarei minha casa

Quando lançarei fora os restos e os entulhos?
Dar-me-ás, oh céus, a chuva
E o teto por testemunha
De que meu silêncio não pára
De que minha "querença" é imensa
E que a minha esperança é certa?
Onde começam os caminhos
Onde repousam as certezas
O que me diz minha beleza
Como se constroem as casas
Da sensibilidade humana agradecida?
Quantas janelas familiares se fecharam
Porque portas estreitas e altas se abriram
Porque agora as pedras se afastam à beira
E parecem marcar a direção de um caminho?
Eis que aparecem estrelas na noite da minha vida!
Por que sinto cócegas nas dobras das mãos?
Eis que meu rosto se ilumina
Como se eu tivesse trocado as veias do mesmo coração!
Enquanto isto, as abelhas inventavam caminhos no céu
Quando a "essência" iam procurar
E, em casa, a rainha vivia da certeza:
Isto era o melhor que ela podia Esperar!

PRATO DE ALEGRIA

Depois do último encontro
Fez-se a distância
Houve silêncio
E não foi mudo
Não houve incerteza
Ao longo dos dias
Houve espera
Mas não reticências
E agora
Neste encontro
O prato da minha vida
Encheu-se de alegria;
Quando falamos
Parece que foi só ontem
A prosa da nossa ternura
Quando ficamos distantes
Parece que a aurora
É incompleta e futura
Enquanto espera
Acontecer o que fora antes;
Quando nos encontramos
O silêncio desce sobre nós como a chuva
E nosso abraço não machuca
Nossos filhos enroscados ao pescoço
Porque é coração, sangue e osso
Firmeza de bem-querer

Que nasce do fundo do poço
E lava as mãos com a bênção
Sem precisar de luvas;
Quando findar o encontro
Segurarei a alegria
Até que uma nova bênção
Presenteie por nós uma aurora
Para todos os nossos dias!

CAPIAU DEPRESSIVO

"Minha vida é triste"
Disse um capiau mineiro;
"Eu tenho de tudo,
Mas o sentido do meu sentimento
Me diz que nada está certo
E o que é errado
É essa vida que é só fachada".
E continuou:
"A 'nubrina' não molha a terra
Ela só molha bobo
Que acha que 'nubrina' não molha;
Mas para molhar a terra
A 'nubrina' é fachada
Porque prá isso a água da 'nubrina' é pouca".
E ponderou:
"A 'nubrina' é uma esperança pequena
De pingo miúdo;
Ela refresca o sentimento
Depois de muitos dias de abafamento;
Mas a água da 'nubrina' é pouca
Para orientar o sentido do meu sentimento;
A 'nubrina' só ajuda na sede das folhas
Ela não aumenta a água da fonte
Ela é uma fachada da água ausente".
E sentenciou:
"Minha vida é triste
Porque estão secando as águas da nascente"!

ÁGUA DE POÇO

Se o poço é fundo
A água é fresca
Se o poço é raso
Se esvai na seca
Se o poço é fundo
Promete medo
Se o poço é raso
Só molha o dedo
Se o poço é fundo
Sacia um mundo
Se o poço é raso
Cai no descaso
Se o poço é fundo
A alma padece
Se o poço é raso
A alma fenece
Se o poço é fundo
Faz aliança
Se o poço é raso
Fica na infância;
Se o poço é fundo,
Se o poço é fundo,
Se o poço é raso,
Então é raso
A diferença está na água
É água rasa

É água funda
É alma rasa
É alma e água
Águas profundas
Irmãs das rosas
Gêmeas da alma
Água da vida
De quem alcança
Água e vida
Água sofrida
Água aliança
Sacia a sede
Da Esperança;
E a água rasa,
A água rasa
Fecha o seu poço!

MURALHAS DA SOLIDÃO

Indivíduo
Eis um homem que é só!
Eis aquele que se fecha em si mesmo
Erige muralhas prá cercar sua intimidade
Para que ninguém penetre
Nem perfure
Nem descubra
A penumbra
A penúria
E a miséria de ser só.
Indivíduo
Talvez não seja por maldade
A escolha do isolamento interior
Talvez seja um falso juízo
A respeito da vida
Da liberdade
Da felicidade
E mesmo do próprio amor.
Indivíduo
É homem "dez-infeliz" e doente
Porque mais adiante não se aguenta
E o corpo não mente
Quando cai doente
De males sem causa aparente
De uma morte que se faz lenta, lenta...!
Indivíduo é rei das coisas de fora

Mas escravo de si mesmo
Da sofreguidão de não suportar o silêncio, o silêncio...
E a voz do questionamento
Que tantas vezes ainda ecoa lá dentro
E congela os sorrisos da aparência
Pela ilusão da posse de si mesmo.
Indivíduo
São quase todos os homens
Mal das pernas atrofiadas
Mal que corrói a intimidade
Como violência velada
Da Humanidade;
Indivíduo
Homem de olhar fundo
E vazio
Com a certeza dilacerante
De ser nada!

DA TEMPORALIDADE HUMANA

Houve um tempo
E já era o futuro:
Os homens abriram suas teorias parciais
Porque prevalecia o simplesmente vivido
Porque voltaram ao meramente simples
E os homens perceberam
Que havia alguma verdade por todo lado
E muita cegueira se abriu
E muita cerca caiu
E tanta violência se foi
E pouca foi a saudade
Das antigas e inseguras certezas.
Houve um tempo
E já era o futuro
E apareceram tantas possibilidades:
As mãos não retesavam armas
Ofertavam a abertura das mãos
As mentes simplesmente inteligentes
Contavam com os dez dedos
As batidas do coração
E cada proximidade era um encontro
Como se já não fosse preciso
Viver da esperança do Amanhã.
Houve um tempo
E já era o futuro:

Os freudianos encontraram um outro Desejo
E já não falavam de repressão;
Os nietzscheanos descobriram outra Vontade
E se perceberam fortes;
Os marxistas se engajaram noutra Luta
E se acabaram as classes;
Os evolucionistas tiraram a veste da Natureza
E experimentaram outro tipo de evolução;
Os idealistas dormiram a Ideia
E foi muito grande a transformação.
Houve um tempo
E já era o futuro:
Havia os que traziam as flores do passado
E pediam perdão por tê-lo feito;
Havia os que mostravam as makises do futuro
E pediam ajuda para corrigir em tempo os defeitos;
Havia os que dormiam de dia
Para ajudar melhor pela noite;
Havia os que faziam camas para os que dormiam de dia
E também faziam camas para si, para o repouso da noite;
Havia os que plantavam a Terra
E colhiam sem precisar fazer contas;
Havia extraterrestres trazendo novas descobertas
E aproveitavam a viagem para levar outras tantas;
Havia muitos cientistas fazendo encontros nos astros
E sua Sabedoria já fazia parte das crianças;
Havia muitos Homens, muitos
E a Vida aumentava em abundância.
Houve um tempo
E já era o futuro:
Os altos dos montes viraram florestas
E se refizeram as fontes

As margens dos rios se cobriam de sombra
E era tanto peixe, tantos
Os homens bebiam as águas dos rios
Porque sabiam da pureza das fontes;
Os macacos ainda comiam bananas
E os homens plantavam banana para os macacos
Os pássaros tinham a primeira refeição no terreiro
E depois iam equilibrar a natureza em algum canto
As moradas dos homens não possuíam trancas
E em toda casa havia hóspedes
Os homens tinham muito tempo, tanto
E quando alguém morria não precisava de pranto.
Houve um tempo
E já era o futuro:
Havia muita notícia na Terra, na Água, no Ar
E eram partilha de belas experiências
As crianças se divertiam com o trabalho dos homens
E não tinham pressa de crescer
Os homens continuavam crianças brincalhonas
E não temiam envelhecer
Os velhos balançavam a Sabedoria na rede
E rodeados pelas crianças, esqueciam de contar os anos
E tinham muitos anos, tantos;
As mulheres tinham brilho nos olhos
E o sorriso da meninice nos lábios
E eram amadas tanto, em cada morada, tanto
E acarinhavam seus amores no colo, muito, muito;
Os homens e mulheres se doavam e nem lembravam
E a Felicidade era muita, tanta, tanta
E passeavam em tantos lugares
E era tão fácil de ver os abraços.
Houve um tempo

E já era o futuro:
A polícia andava de sandálias
E em vez de apito, assoviava
Os presídios guardavam muito trigo, muito
E não havia grades nem portões
Os juízes saíam dos tribunais
E contavam belas Histórias pelas calçadas
Os governantes não tinham partidos
O seu discurso era o Silêncio de suas belas decisões
E distribuíam sorvetes à sombra das árvores.
Houve um tempo
E já era o futuro:
Quando passei por lá
Eu tive medo
Um medo estranho de Ser feliz
Medo de começar e depois Continuar a Ser feliz
Como se eu não desse conta de Viver
Porque eu teria de ser aquele Outro oculto
Que eu sempre vi dentro de mim
E no poço fundo do sofrimento dos homens.
Houve um tempo
E já era o futuro:
Eu já o conhecia há muito
Porque sempre se passou dentro de mim
E descobri que os homens já conhecem este Tempo
E não apostam a Vida prá Ser feliz;
Há um tempo que sempre houve
Que faz ver o reverso do não-ser de sempre
E amar quem já viveu desse tempo
Como a Certeza que até parece sonho
E Não desgruda dos homens
Esses mortais que temem a morte

Porque pressentem que ainda faltaria muito prá deixar de viver.
Houve um tempo
E já era o futuro
E o Progresso era imenso, tanto
E a Luz da Vida era intensa, tanta
Como se todas as estrelas tivessem descido do céu
E as possibilidades eram múltiplas, muitas;
Já era o Futuro
Como se fora o mar-da-vida
E já era Tempo;
Quem passar por Lá
Mande recado para os homens de nosso tempo!

REQUIEM

Filho perdido
Dor descabida
Fenda na vida
Amargo de fel;
Filho amado
Filho tirado
Colo sangrando
Dor sem igual;
Secam-se as fontes
Vão-se as razões
Cessa o fundamento
Para um sofrimento
Que me dilacera
O que há de mais sagrado
No santuário do coração;
Filho perdido
Filho levado
Para longe do meu colo
Fora do alcance das minhas mãos
Que apertam trêmulas
As lembranças costuradas
Dessa vida bem-vinda
Que me foi dada no ventre;
Agora só sobrou a saudade
Nas asas infinitas do meu amor
E que agora, agora
Agora chora o meu coração
Pelas veias sempre abertas da recordação!

Don Bonamigo de las Fuentes

Filho perdido
Filho levado
Não te deixarei morrer
Jamais
De qualquer outro jeito
Nem dentro
Nem fora
De mim;
Alivia tua mãe, meu filho,
E ama-me ainda
Ainda e para sempre
Como foi nosso tempo aqui;
E no tempo mais propício
Depois dessa mágoa de morte
Vem ajudar tua mãe
A percorrer o caminho
Que fizeste antes de mim!
Adeus, meu filho
A Deus deixo a bondade
E a ti a minha saudade
Eterna!

RELAÇÕES DO TEMPO

Um tempo de vida sempre puxa o outro
E não há começo
Sempre só há meios e fins;
Às vezes não há tempo nem de Re-começo
Porque não há mais tempo interior
Mas só uma tentação de avanço
Como se o aperfeiçoamento
Só pudesse estar noutro lugar
Como se um outro ritmo
Pudesse inovar a vida;
E então passamos por cima
E atropelamos o tempo do interior!
Um tempo de vida puxa o outro
E logo interpretamos
Que deve ser noutro lugar;
Criamos uma lacuna na história
E achamos que estamos prontos
Para enfrentar a primeira solidão;
Então relativizamos as experiências
Aquelas que nos fizeram quem somos
Apesar do mesmo lugar;
E por consequência só ouvimos o mesmo desejo
Ficamos cegos das possibilidades
Os ouvidos ensurdecem no silêncio
E, se Deus fala, só fala noutro lugar!
Um tempo de vida puxa outro

Don Bonamigo de las Fuentes

E só vê bem à frente
Quem leva todos os tempos detrás;
Uma história é uma tecitura sem saltos
As mudanças incluem o sacrifício
A esperança é o suporte da prece
O conhecimento deve incluir a visão
Os sentimentos não machucam o pensamento
Quando não forçam o sentir do coração
A segurança não machuca a alma
Se os motivos foram suficientes
Para a primeira e a última decisão;
Uma decisão leva consigo os filhos
Os filhos que nem nasceram
E os traz de volta para os espaços humanos
Porque incluem um processo
De seres humanos em construção;
E sempre parece
No começo do meio
Mas raramente no fim
Que o melhor sempre mora noutro lugar!
Um tempo de vida puxa outro
E parece que nossa importância
Decresce no mesmo lugar;
Qualquer infortúnio é motivo
Uma e outra afronta é desgraça
Qualquer esforço é desgaste
Todo tropeço é uma queda
Um simples não é sem misericórdia
Qualquer espaço é pequeno
Toda tocha real é só faísca;
Então só vemos a nós mesmos
Como o pouco de bem transferível

Nas hipóteses de outro lugar!
Um tempo de vida puxa outro
E queremos garantir por nós mesmos
O que talvez nem possa
Ser real noutro lugar;
Vem um primeiro tempo, é a possibilidade
Vem um segundo, e já é só esperança
Vêm outros tempos
E a necessidade de olhar para trás;
Então vemos nas entrelinhas do tempo
As estrelinhas do esforço e do planejamento
Da Providência e do despojamento
E vem a experiência
De que já Só somos sós
E que o anonimato é o cárcere
De quem julgou sua história
Só digna em um outro lugar!
Um tempo de vida puxa o outro
E em cada tempo
Poucas coisas são necessárias para se viver bem;
Há coisas que são necessárias, mas não suficientes
Outras são simplesmente suficientes
E assim é o que basta;
Há o que faz um homem viver bem muito tempo
Há o que faz feliz mesmo que não se viva muito
E há o que se vive muito
E vale para o pouco tempo e para sempre;
Há nuvens no coração dos homens
E há homens andando nas nuvens
Que não são do céu
Há homens que só se entendem diante do mar
E há homens que nunca viram

Seu sangue derramar
Há homens que recomeçam Seu Tempo
Contando a parte melhor da história
Que não foi noutro lugar!
Se tudo isto medita em Verdade
Talvez achemos que haja um outro motivo
Para querer viver noutro lugar;
E talvez nem se preencham as lacunas
Que se fizeram em cada tempo
Neste e noutro lugar!

CANTO DE AMOR

Perscrutei meu coração
Ao som do canto
No vento leve
No silêncio iluminado
Da minha vida
E encontrei teus olhos
Acompanhando minha cadência
Encontrei teus olhos
Velando-me ao sofrimento
Encontrei teu olhar
Sempre bem perto
Mesmo que fosse obscura
A luz da compreensão!
Eu sempre bendigo aos Céus
Pela luz do teu olhar
Que me traz o fundo infinito
Da nossa aposta de amor;
Eu sempre bendigo a Vida
Porque mesmo nos dias cinzentos
Ou nas noites de tormenta
Eu sempre encontrei guarida
Em algum recanto cálido
De teu coração;
Eu sempre bendigo a Ti mesma
Porque no andar célebre do nosso tempo
Diminui a todo instante

Don Bonamigo de las Fuentes

A penumbra angustiante da solidão!
Perscrutei meu coração
E encontrei a saudade
Em cada instante inseguro
Em que ficas longe de mim
E eu fico longe do teu olhar;
Perscrutei a saudade
E encontrei a eternidade
Que mora dentro de nós;
Olhei meu coração
E senti a temeridade
De quem jamais decidiu
A aposta do amor completar
E definha na experiência de ser sempre só;
E quando sais de casa
Vejo que me levas junto
Quando sou eu que vou
Nunca permito que saias de mim
E passam os instantes em anos
E não vejo porque deva ter fim!
Quando se completarem os dias
Mais um fruto do nosso amor
Em teu ventre
Conhecerá por todo tempo
De onde foi que vivemos
Porque tanto nos olhamos
Entenderá nossa aposta
Prolongará a mesma certeza
E cantará o seu canto de amor
Ligando os vales profundos
Às extremidades infinitas do céu!

BALADA DO ANOITECER

Foi um tempo em que eu sorria
Eu corria por entre os cascalhos
Da estrada
Que ligava
Nossas vizinhanças
Eu era criança
E corria até as outras casas
Parecia que sob meus pés
Eu tinha asas;
Meu coração batia
Num compasso imenso
Que a lua seguia
Eu sorria com minha velocidade
E só tinha uma idade
De criança
Eu quase voava e eu sabia
Eu tinha as asas da alegria
Eu sorria ao vento
Era só isso que eu media
Enquanto eu me elevava
Do chão da estrada
Eu voltava de onde partia
Eu queria vencer a vida
E a vida me vencia
Eu preferia a noite
Porque eu me pertencia

Ninguém testemunhava
O que eu vivia
Eu era eu mesmo
Nas pedras da estrada
Ninguém mentia
Era uma alegria imensa
Era como se tudo fosse real
Porque vinha dos trilhos
Da fantasia
E eu dormia
Com os pés na estrada
Eu embalava a vida durante a noite
E depois me perdia
Durante os dias!

CHUVA MOLHADA

Oh, Chuva, que és chuva
De água molhada e pura,
Lava a poeira da estrada
Enche meus cântaros de água
Leva as minhas sobras
Faze florir meus canteiros
Para alegrar o meu bem;
Oh, chuva, que és chuva
De água molhada e pura,
Faze com que eu sinta a ternura
De tua brisa no rosto
Como sinto amor tão leve e denso
Dentro de mim por meu bem;
Oh, chuva, que és chuva
De água molhada e pura,
Molha os mais lindos sonhos
Purifica as minhas lembranças
Reza a forte esperança
De eu ser tão feliz como agora
Agora e sempre
Porque estou com meu bem;
Oh, chuva, que és chuva
De água molhada e pura,
Leva-me até o mar
Num manso remanso
Numa canoa branca

Derrama sobre mim
Teus pingos de chuva mansa
E deixa-me em alto mar
Para sempre
Junto com meu bem!

CHUVA CADENTE

Quando o céu se fecha de nuvens negras, negras
O sol fúlgido se esconde tímido
Ventaneja o vento intrépido, roçante
Esborram-se as nuvens negras, negras
Derramando-se em chuva cadente!
Chuva mansa, garoa plácida
Traz o dom do recolhimento
Fecunda milhões de vidas latentes
E a esperança dos sem-sentido
Há um amor que a chuva lembra!
Os lampejos que acompanham tua cadência, chuva branda,
São centelhas para as palhas dos descrentes
Réstia de paz aos tribulantes
Renovação para os corações amantes!
Teu murmúrio desmancha os nós empedernidos
Chuva branda, harmonia das notas imprevisíveis
Lucidez dos sentimentos indecifráveis, impossíveis
Resposta aos mistérios infindos do ser humano!
Da terra se eleva o canto
De gratidão apenas balbuciada, sussurante
Dos corações aflorados em tua cadência
Porque és sempre nova, chuva cadente
Misturada aos rios do meu pranto!

REVERSOS DO MENINO

Se tu velasses teu menino
Talvez me ajudasses também
Se cuidasses melhor de tuas coisas
Talvez eu cuidasse melhor de mim
Se te construísses dia após dia
Eu me pouparia um tanto
E até tivesse mais razões para viver;
Se cobrasses mais de mesmo
Eu não passaria tantas noites em claro
Se cumprisses o que diz tua boca
Eu confiaria mais em teu coração
Se te importasses de fato com as pessoas
Eu teria algumas a menos prá cuidar
Se aprendesses a orar de verdade
Eu teria uma prece a menos
E um louvor a mais
Se já desses conta de ti mesmo
Eu dormiria mais em paz.
Se vivesses teu amor por mim
Eu viveria mais um tempo
Se mostrasses que já és um homem
Eu dormiria mais cedo
Se teu amor fosse imenso
Eu levantaria mais tarde
Se fores um homem
O Senhor me carregará em teus braços

Se fores um homem
Andarás muito
E saberás que só foi um pedaço
Se amares
Entenderás que o traço de amor não passa
Se amares
Entenderás que se pode morrer de amor
E que o amor não mata!

DA CONDIÇÃO HUMANA

A condição real de um homem,
De qualquer homem, é:
"Começar cada dia como se fosse o último
Da vida que ele julga ser sua,
E terminar cada dia
Como se fora apenas o primeiro de muitos e muitos";
Fora disso não há garantias nem seguros,
O que há são expectativas e projetos,
Talvez por isso
Poucos são os homens felizes;
Se o homem soubesse, naturalmente,
Não haveria escola
Se o preenchimento da vida
Viesse por todos os lados, graciosamente,
Vã seria a palavra "sofrimento";
A intensidade é uma das diferenças
Entre um homem que nem fala da morte
E adia o dia de viver
Daquele que irradia vida por todos os lados
Enquanto vive;
Então, não faz diferença entre
O primeiro clarão no começo do dia
E cada estrela que comparece
Em todas as noites!

CASAS DA VIDA

Dentre as muitas coisas
De que é feita a vida
Da sapata da casa da vida
Há ainda muitas experiências
Teorizadas e não vividas
Comentadas e não entendidas
Espreitadas e não sofridas
Desejadas e ainda não queridas
Barulhadas e ainda não ouvidas
Esperadas, mas ainda não amadas
Tocadas, mas ainda não encarnadas
Apontadas e ainda não seguidas!
Há um sal que é preciso comer
Na justa medida
Há um frio que é preciso sofrer
Prá entender que o frio faz recolher
Há uma Terra que é preciso cavar
Para Ver o que está sobre a mesa
Há uma Fé que é preciso encarnar
Para que o Amor suporte e Ouça a Esperança
Há uma balança de egoísmo que é preciso conferir
Para que advenha o homem sem morrer a criança
Há uma dureza da vida que é preciso louvar
Porque ela ensina a percorrer muitos caminhos
Sem perder o rumo da Casa que volta!
Dentre as muitas experiências

Algumas tecem a fortaleza da Vida
Outras colhem flores que logo murcham
E machucam de ilusão a Esperança!
Quem aprendeu a plantar
Quem aprendeu a cuidar das roseiras
Não precisará colher para si nenhuma das rosas
Quem quiser subir até a rosa
Ouça os espinhos da roseira
E prepare muitos jardins
E Verá que a vida não dá tantos espinhos
E a cada vez
Há uma experiência em cada desabrochar
De uma rosa;
Quem quiser viver
Só pode escolher o que pede a Vida
E fará um bom esforço para Fazer Sim!
Há muitas experiências
Que pouco foram seguidas;
Há muitas vidas vazias
Porque quem as guia
Pouco Ama
E então
Só passa pela vida
Não construiu casas para a vida
Não sabe Cuidar da Vida!

LÓGICA INFINITA

Há pessoas mais profundas porque mais sensíveis
Há pessoas mais sensíveis porque mais sofridas
Há pessoas mais doloridas porque mais profundas
Há pessoas mais profundas porque mais bondosas
Há pessoas mais bondosas porque mais generosas
Há pessoas mais generosas porque mais doadas
Há pessoas mais sensíveis porque mais humanas
Há pessoas mais generosas porque mais sensíveis
Há pessoas mais doloridas porque mais humanas
Há pessoas mais esperançosas porque mais bondosas
Há pessoas mais bondosas porque mais humanas
Há pessoas mais simples porque mais sensíveis
Há pessoas mais generosas porque mais simples
Há pessoas mais humanas porque mais humanas
Há pessoas mais felizes porque mais felizes
Há pessoas porque há pessoas
Que são pessoas infinitamente
Infinitamente gratuitas!

PRIMEIRAS ÁGUAS

Quando eu fui levada
Como pessoa, Convidada
A visitar a cachoeira das primeiras águas
Foi então que eu fui
E quando eu a vi
Eu fui convidada por ela
A adentrar-me em sua queda
A receber sua força nos ombros
A gritar minha sofreguidão
Em suas águas geladas
Mesmo que ainda fosse verão;
Então eu me fui nela
Porque as suas eram as primeiras águas
E só elas poderiam
Poderiam dar sequência
À cura do meu coração;
E quando adentrei-me nela
Havia alguém me esperando
Na sua experiência das águas
E então estendeu-me a mão;
E eu, em mim mesma,
No discurso da minha solidão
Fui fundo na queda d'água
E foi então que eu
Que eu encontrei meu próprio chão;
E depois daquele dia

E dali em diante
Me faz uma falta imensa
Se eu não vejo algum naufrágio
Em cachoeira abaixo
Do mais próximo dos corações;
Depois da queda
Um breve remanso
E o turbilhão no meu silêncio
Das águas puras que vêm de cima
Das águas claras que vêm de dentro
E me põem no rio das águas limpas
No reencontro com a inocência;
Quando eu me lembro
De mim, a mesma,
Renasce funda a cachoeira
Quando me vejo no rio que eu danço
Nas peripécias do leito
Já sou capaz até de um beijo;
Quando eu me lanço
Nos rios dos muitos
Levo outra água, cheia de bênção
É que eu já bebo da primeira água
E também entendo a sofreguidão de um mundo;
Quando eu voltar
Quando eu for para o alto
O caminho é o mesmo
Para o que eu já vivo aqui embaixo;
Ora por nós, cachoeira,
Para que deixemos as primeiras águas
Brotarem fundo de dentro
Para que elas sempre desçam do alto!

SILÊNCIO DAS FLORES

Se as flores respondessem com palavras
A perguntas tão profundas
Tão honestas
Tão sinceras
Falariam com um tom de primavera
Compassado
Desses que a alma inunda
E derrama o transvazado
Pelas frestas
Feito amor de vagabundo!
Se as flores não teimassem no silêncio
Se não fossem revestidas de candura
Soltariam em cada pétala o incenso
Burilado pela ponta dos espinhos
E fariam de minha alma mansa e pura
Padecente das agruras dos caminhos
Uma voz da ressonância da ternura!
Se as flores me ensinassem seu silêncio
Se as flores compreendessem minha voz
Nós seríamos tão completos de alegria:
Eu seria a sua voz no som da noite
E as flores, o meu sol durante o dia
Nós seríamos duas pontas enlaçadas
E não mais seria preciso palavras
Prá dizer o meu silêncio e minha voz!

PALAVRAS VITAIS

Preciso de uma Palavra
Quero ouvir uma palavra!
Palavra tem que ser Verdade
Tem de ter Sentido
Preciso de uma palavra-verdade
Quero ouvir uma palavra-sentido
Preciso de um ato de amigo:
Grande Palavra
Verdade
Sentido!
Uma palavra nas mãos estendidas
Uma palavra no sorriso aberto
Dos olhos brilhantes
Do coração ardendo;
Preciso da palavra das lágrimas sinceras
Verdade!
Quero a palavra abraçando o abraço
Palavra-verdade do desabafo
Sentido!
Quero-te comigo
Porque és a verdade do meu Sentido
O sentido das minhas Palavras
Palavra da minha Verdade!
Preciso de ti, comigo
Para ser tua palavra
A verdade do teu Sentido

Do Sentido que em nós quis sua morada
De Verdade!
Palavra!

TOME A ROSA

Tome a Rosa
Leve a Rosa, leve
Que ela seja um
Ponto de Encontro
Em breve
Feliz
Depois da saudade!
Tome a Rosa
Leve a Rosa, leve
Alivia as dores
Com flores
Cura o coração com amores!
Tome a Rosa
Leve a Rosa, leve
Dá a Rosa, vermelha
Do Amor!

LUAS

É crescente
A Lua
Quase cheia
E já vai alta
No céu
Como as horas
Cheias
Que crescem na madrugada
Da minha calçada
E eu olhando
Olhando para o céu.
É tarde
E a noite
Com sua Lua crescente
Deixa mais cheia a minha esperança
Na providência
Que quase tarda
No dardo de minha avaliação;
E se me entristeço
É comigo
Não com a providência
Que fez a Lua minguante
Começar a ser nova
Para que fosse crescente
O brilho da Lua cheia
Mais do que as estrelas
Pouco mutantes
Bem distantes

Don Bonamigo de las Fuentes

E desconhecidas;
Acresce-me, Lua,
Mais confiança
Para que a tristeza passe
E a providência se faça
Em mim
Em todas as Luas!

COMO A CORRENTE DO RIO

Segue a corrente do Rio
Homem
E a vida toda
Não queiras tirar as pedras do Rio
Pois as pedras fazem parte
Elas têm nome
E cadenciam
E desviam a corrente
Dos Rios
Dos homens.
Segue a torrente do Rio
Homem
E antecipa os desvios
E por entre as pedras
Encontra o fio do Rio
E de vez em quando
Descansa na sombra
Do calmo e frio Remanso
Que é o cio do Rio;
Prepara-te para as cachoeiras
Que são pedra pura
Homem
E o Desafio descendente do Rio.
Concentra tuas forças
Homem

Don Bonamigo de las Fuentes

No sentido do Rio
É mais para baixo que ele vai
Com sua corrente por entre as pedras
Solta a canoa bamba
Homem
E desce teu próprio Rio
E marca teu nome nas pedras
Que são as marcas do teu próprio cio,
Depois descansa
No Remanso
E abre os braços
Como fazem todos os Rios.

CABELOS BRANCOS

Cessada a responsabilidade pela sobrevivência
Recomeça, mesmo que tardiamente,
A responsabilidade pelo Sentido
Pelo Sentido da Vida, que é Sua
Pelo que conta da vida dos outros;
Abre-se para o homem
Que já não teme morrer de fome
O começo do caminho
Que mata a fome de tantos
E orienta o coração de muitos
De muitos seres humanos
Que nem contam sua vida
Porque acham que não vale nada;
Alguém pode levantar, com espanto,
A Humanidade oprimida e dormente
De muitos homens
Cuja vida solitária não conta
Não conta com nenhuma Esperança;
Alguém que vê com um outro coração
Pode ver muitas e outras coisas
A melodia que pode ser uma criança
Que toca flauta de taquara
Que assobia sem pauta
E imagina um violão
Mesmo sem noite de luar;
São os homens que dão sentido à noite

Don Bonamigo de las Fuentes

E acompanham o luar da lua-cheia
São os homens que fazem passar as luas
As Luas minguantes
Para poder esperar as luas-cheias
São os homens que olham para si mesmos
E transformam seu coração vazio ou minguante
Em mãos cheias de melodias
E já não importa o que são as noites
Ou o que são os dias;
Os homens Felizes
Eles cercam as noites de imaginação
De imaginação infinita
Eles contemplam
Eles se reinventam
Eles retomam
Os caminhos em que outros passaram
Como um Pai que renasce
Como um filho que amadurece;
Os homens só descansam, sossegam
Quando se redescobrem de Amor
E Então, se amam,
Os Cabelos Brancos
Sempre serão a Expressão do seu Amor;
E a felicidade já encontrou mais uma Morada
E sempre volta prá casa
Dos homens
Que sabem espalhar muitas e tantas
Daquelas velhas sementes
Que esperam um Novo cuidado-de-Amor!

METAMORFOSE DESUMANA

De tanto ver a dor
De tão raro que é o humano
Os homens pouco lembram
De ser homens
Os homens não lembram
Dos homens
Porque não encontram a si.
De tanto ouvir aflição
De tão rara a emoção
Os homens
Eles calejaram o coração
O não se tornou constante
E atende pelo nome de opressão.
De tanto aceitar a mentira
De tão rara a voz da verdade
O engano tornou-se normal
E a felicidade
A felicidade, um sonho que faz muito mal.
De tanto maltratar o carinho
De tão rara a ternura
A traição tornou-se banal
E a saudade
A saudade, um trauma de quem está *fossal*.
De tanto conviver com a morte
Dos outros
De tão rara a escritura da vida

A violência se fez universal
E a vida
A vida, confundida
Na metamorfose do bem no mal!

FRUTOS DA TERNURA

(PARA EL HERMANO Y COMPADRE DON MARCO DE LA SIELVA)

É bom conversar contigo
Meu amigo
Duas vezes meu compadre!
Quando eu dormia no chão
Na margem da grande cidade
Tua visita levou-me um clarão
Foi um dia de felicidade;
Muitos invernos vivi depois
Muitos verões infernais sofri
Digeri o amargor das solidões
desci aos mais profundos porões
E de novo me ergui
Estonteado
Faminto de ternura
E reencontrei tua presença
No dia da formatura
Com duas mãos estendidas
Envolvendo-me em abraços
E foi mais um pedaço
Que se fez de nossas vidas!
Houve outras peripécias
E eu desposei tua irmã
Quando tua família era só secura
E o teu carinho veio com fartura

E viajaste bem longe
Para que minha escolha fosse segura;
Depois, eu que fui longe, longe
E eu tinha ainda o sabor da amargura
E me pediste que voltasse
Se lá onde eu vivia
Eu não sentia
O fervor da ternura!
E eu voltei, faz tempo
E foi o tempo bom que eu nunca tive
Porque por perto de ti
Tenho a sensação que tudo vive;
E me chamaste pra perto
E eu fiz um fogão à lenha
Pra prosear em nossa roça
Esperando que mais chuva venha;
E quando a tarde declina
És o primeiro que se anima
A saborear uma polenta
Enquanto o nosso fogão esquenta
E afina o coração;
Depois, mais um dedo de prosa
Até que a última brasa
Possa parar de queimar
Deixando passar a escuridão!
E quando nasceu o meu filho
Chamei-te pra ser padrinho
Porque já sei desde muito
Que velarás pelo menino;
E se te faltarem certezas
Buscarás na natureza
O fio da meada perdido

E se te faltarem clarezas
Invocarás teu coração
Para não te sentires traído!
Quando voltarem as chuvas
Então estarei por perto
E encheremos nossas fontes;
Quando for tempo de secura
Vem buscar minhas mãos
Pra não ter que começar de novo
No coração
O que já é o fruto da tua ternura!

DO CAMINHO DE DON

Lá onde vive alguma nobreza
Lá já esteve o Don
Esta palavra tão pequena e imensa
Que não vale para qualquer um;
Ela é essencialmente
Propositadamente discriminatória
Ela vem colada à vida vivida
Ela é no que aumenta a vida
A vida que já veio Dom.
Lá onde há um cuidado sereno
Onde se vê um sensível andando
Don vai dentro da carruagem;
Onde cai a lágrima da paixão amorosa
Don nasce no chão
Don é a aragem;
Se a dor de um
Também dói de dor um outro
Don encontrou uma morada;
Se o filho talvez não volte
E há um olhar que espera de madrugada
Don já mora em casa.
Se você veio perguntar por mim
Don é criança
Se você vem por mim muitas vezes
Don não envelhece;

FILOSOFIA POEMÁTICA

Se é dia de despedida
E você me deixa ir
E também ficar em você
Don é o tamanho de sua porta;
E se é você que vai
Don sabe que você volta.
Don não quer ser rico
Nem deseja ser pobre
Don é toda face do nobre
Que revela o humano;
Don é uma constância humana
Decidida e funda
Que bate o sino de viver;
Don é quem segura o mundo
Num fio tênue
Sem idade de morrer;
Don não é uma dádiva
É um presente feito em Si mesmo
No passo a passo de Ser!

DAS COISAS DA TERRA

Tenho identificado a vida nas cidades grandes como cultura da morte e, com isso, lugar majoritário da não-vida;

Na cidade, as experiências propriamente humanas têm se tornado extremamente raras; tenho as procurado em muitos lugares e não as tenho encontrado;

E quando encontro sinais, apurando a fundo, percebo-as parciais, limitadas, redutoras e por isso com um grau insuficiente de Humanidade!

Há tão poucos seres propriamente humanos porque o Individualismo tornou-se o lugar-comum e o Outro tornou-se gerador do medo e um rival;

Então, aos poucos, a morte tornou-se um fato normal, divulgada, na prática, em todas as instâncias hegemônicas da "cultura", o que faz do homem um "ser para a morte" em todos os sentidos!

Oficialmente o que vale é, na verdade, o que não pode valer, pois se a cultura leva o homem à morte, então a vida já não é o que importa;

O que o individualismo produz é a morte do humano nas imensuráveis formas da violência em quem a comete, em quem a sofre!

A nossa cultura é cultura do individualismo; e ele mata; então é uma cultura da morte.

Por isso é vão e contraditório tentar viver tendo como pano de fundo o individualismo: o individualismo é o decreto antecipado da própria morte e dos outros!

Não haverá progresso sustentável, por mais que ciência e técnica avancem, se a fonte for o individualismo, pois os frutos padecem da doença da árvore;

Ciência e técnica estão sendo os maiores instrumentos da morte. E com isso a morte tornou-se banal e a cultura diz, na prática, que ela é normal, resultante da natureza humana, desumanizada naturalmente, sem outro jeito;

Quem achar o contrário está fora do tempo: sujeito problemático, "elemento anormal"!

E saber que o homem só tem duas grandes Mediações para dar conta de viver: o trabalho e a Linguagem;

Pela linguagem, o homem tem a condição do Entendimento com os outros, pois sem os outros, mesmo que instrumentalizados, ninguém dá conta de viver, nem mesmo de nascer;

Pelo trabalho, o homem tem a condição de Transformar a natureza, fonte primeira do sustento e garantia fundamental da vida;

E, de novo, todo homem precisa dos outros, pois ninguém dá conta de produzir tudo o que precisa para satisfazer suas necessidades.

Mas o que vemos? Vejo a total perversão do trabalho e de seus verdadeiros fins: vejo a total perversão da linguagem dos homens, longe de se entender; trabalho e linguagem instrumentalizados por uma cultura da morte, apoiada no individualismo.

Do Outro Lado, a Vida:

Feliz é o homem que transforma a natureza por seu trabalho diretamente e, pela linguagem, é capaz de entrar em entendimento em vista de objetivos razoáveis e comuns!

Este é um homem que vale, vale muito porque não está só, vale muito porque tem raízes profundas, vale muito porque soma forças com outros, vale muito e é difícil de morrer!

Todas as verdadeiras Revoluções que a História conheceu tiveram suas raízes na terra, na terra que se forjaram os grandes seres humanos e seus empreendimentos foram duradouros e chegaram até nós;

Feliz o homem que ama a terra e entende a verdadeira natureza das coisas humanas; este homem corre atrás das coisas humanas e viverá feliz mesmo sem saber!

É no Interior que se constroem os grandes projetos e ali vicejam ainda as grandes esperanças;

É no interior que ainda florescem as mais significativas experiências humanas pela própria força da natureza da terra;

É na terra interior do homem que se destrói o vírus mortífero do individualismo;

Numa palavra, é no interior que ainda se pode pensar numa cultura da vida, porque ali a Terra é mais propícia, não para o culto do Eu, mas para a conquista da Terra fecunda do Nós!

Tenho experimentado que isso é quase impossível na vida desumana das cidades com seu carrossel de violência e morte; se tenho razão, olhe cada um se a terra mentiu e se dela ainda posso esperar!

Então, Creio que o Verbo que temos de aprender a conjugar não pode ser o verbo Explorar, pois este conduz à morte e já foi conjugado demais da conta;

O verbo só pode ser este: COOPERAR!

DAS COISAS
HUMANAS

Ao longo dos anos, tenho procurado homens, verdadeiramente seres humanos, por toda parte onde tenho andado. E, a duras penas, tenho que reconhecer que existem muitos indivíduos e raríssimos seres verdadeiramente humanos.

O que vejo são indivíduos medindo uns aos outros pelo número das coisas, pela força dos braços, pela esperteza da inteligência, pela beleza do corpo.

Eu vejo números anônimos imersos no reino das aparências, porta-vozes e executores de tantas formas da violência, dependentes das coisas exteriores e, por isso, inseguros de si mesmos, seres fora de si. Eu tenho procurado seres humanos e está difícil de encontrar.

Tenho encontrado muitas definições a respeito do homem e, dentre elas, uma parece ser a mais aceita: "O homem é um animal racional".

Então, nas minhas andanças, procurei ver como vivem os animais e como vivem os homens. Vi que os animais da mesma espécie não se eliminam uns aos outros, não se matam entre si e, no máximo, têm alguma disputa;

Já os homens, se despedaçam até por causa de um parágrafo ou por um pedaço de papel. E cheguei à seguinte conclusão: "Afirmar que o homem é um animal é ofender os animais".

Depois olhei para o lado "racional" daquela definição e procurei ver os seus frutos, as ações do homem. E vi que, no geral, há muito pouca racionalidade na pretensa vida dos homens e sobra muita desumanidade. Então conclui que falta muito ao homem para ser efetivamente racional.

Nesse ponto de minhas meditações e de minha procura por seres humanos, eu desejei muito estar enganado, mas não consegui ver meu erro.

E foi por um ponto muito simples: vi que a infelicidade e a violência são abundantes demais por toda parte e não consegui admitir, diante da Razão, que isso possa ser o verdadeiro sentido da vida humana. E percebi então, com sofrimento, que ser humano não é ser normal.

Retomei e aprofundei minha procura por seres humanos, mas já com uma certeza: um ser humano certamente é "coisa rara".

Então tive que encontrar outros critérios para poder avaliar os homens e distinguir as diferenças. Tive também que aprender a olhar os homens por dentro e, aos poucos, muito raramente e, com alegria, consegui encontrar alguns seres humanos. Então decidi aprender nessa companhia. E, na verdade, tenho aprendido muito a respeito dos seres humanos:

Aprendi que um verdadeiro homem se mede pela medida da bondade do seu coração e muito pouco por sua força ou por sua inteligência;

Aprendi que um verdadeiro homem reconhece a precisão que tem dos outros e por isso desmancha seu egoísmo em atos silenciosos de gratidão;

Aprendi que um verdadeiro homem jamais sacrifica a Verdade em qualquer situação e já descobriu o jeito de vivê-la;

Aprendi que um verdadeiro homem não anula e não separa as necessidades do corpo, as necessidades do afeto e as necessidades do espírito e sabe distinguir com equilíbrio que o essencial é o suficiente;

Tenho aprendido tantas e tantas coisas com os raros seres humanos que encontrei coisas tão óbvias. E o que mais me alegrou foi vê-los Felizes com tão poucas coisas, seguramente felizes, sem temor na vida, sem medo da morte. Seu sofrimento é por aqueles muitos que não querem ser humanos por medo da própria felicidade, tão rara como os verdadeiros seres humanos.

Isso a minha Razão tranquilamente reconheceu.

Em algum lugar existem seres humanos; quem procurar poderá, talvez com espanto, encontrar Um deles querendo nascer em Si Mesmo!

CONCLUSÃO

DO FILOSOFAR

O trabalho de filosofar é tão árduo
E sofrido
Como arrebentar pedras com picaretas
Ou o mesmo que arrombar os corações
Empedernidos
E as almas embrutecidas
Só com as armas do Bem-Querer e da Razão.
O trabalho de filosofar
É o afã de colocar
O trabalho na Filosofia
E a Filosofia como forma de vida;
O afã de ser Homem
Implica no trabalho de ser sábio
E o sofrimento faz parte da Sabedoria
Por causa de um Bem-Querer.
Compreender a Vida é a primeira tarefa da Filosofia
Querer bem ao homem, tarefa de todo Homem
Viver estas duas coisas, tarefa do homem sábio!
Com os pés na história humana,
Com as mãos na esperança
Certamente o sábio morrerá
Antes do Seu Tempo
E terá suas Razões;
Assim foi,
Assim parece que sempre será!